한국인이 가장 좋아하는 철학자의
아포리즘 필사책

**〈일러두기〉**
1. 한국인이 사랑하는 다섯 명의 철학자는 신문 기사, 포털 인용 빈도, SNS 검색 결과 등을 종합하여 취합했으며, 그중 비교적 최근 인물이며 '인간의 삶과 죽음'이라는 실존적 주제에 천착했던 철학자로 꼽았습니다.
2. 영어 원문은 영어로 번역된 철학자들의 저서와 편지, 어록 등에서 수집했으나 필요에 따라 적절히 편집했음을 밝혀둡니다.
3. 발췌의 바탕이 된 영어 원서 및 번역서 정보는 책의 맨 뒤에 정리되어 있습니다.

니체, 쇼펜하우어, 데카르트,
칸트, 키르케고르

# 한국인이 가장 좋아하는 철학자의 아포리즘 필사책

에이미 리 편역

Friedrich Nietzsche,
1844~1900

Arthur Schopenhauer,
1788~1860

René Descartes,
1596~1650

Immanuel Kant,
1724~1804

Søren Kierkegaard,
1813~1855

센시오

### 들어가며

철학을 우리 삶으로 끌어와 곱씹는 시간

# 우리에겐 조용히 앉아 철학하는 시간이 필요하다

"철학은 영혼을 만들고 살찌우기 위한 것이다. 삶에 질서를 부여하고 행동을 안내하고, 해야 할 것과 하지 말아야 할 것이 무엇인지 구분하게 하기 위한 것이다. 운명이라는 불확실성에 흔들리게 마련인 우리를 안내하는 방향타와 같다. 철학이 없이는 두려움으로부터 자유로운 삶을 살아갈 수 없다. 우리는 삶의 조언을 철학에서 찾아야 마땅하다."

로마 철학자 세네카의 말입니다.

그렇습니다. 우리 모두에겐 철학하는 시간이 필요합니다. 철학자의 생애를 외우거나 시험공부를 위해 머리 아프게 여러 학파와 학설을 공부하는 대신, 우리 삶에 진심으로 필요해서 철학으로부터 도움을 받는 시간입니다.

"미네르바의 부엉이는 황혼이 깃들 무렵에야 날기 시작한다."

철학자 헤겔은 말했습니다. 철학하는 시간은 '미네르바의 시간'이라고도 불립니다. 세속의 삶에서 조용히 물러앉아 삶의 진정한 의미에 대해 숙고하는 여명의 시간이기 때문입니다. 철학하는 시간은 혼자 있는 시간이자, 위대한 사상과 교감하며 삶에 대해 통찰하는 시간입니다.

니체, 쇼펜하우어, 데카르트, 칸트, 키르케고르.

우리가 살펴볼 다섯 명의 철학자, 그들의 삶은 치열했고 일상은 성실했으며 글은 날카롭고 언행은 때로 거칠고 과감했습니다. 모두 평범하다 할 수 없는 삶을 살았고 스스로 그런 삶을 자처했습니다. 그들은 극복하기 위해 스스로에게 생채기를 내고, 발견하기 위해 거칠고 낯선 곳으로 자신을 던졌습니다. 그러기에 수백 년의 세월이 지난 지금까지도 여전히 우리에게 영향력을 미치는 것이 아닐까요?

이번 책에서는 한국인이 특별히 사랑하고 즐겨 인용하는 위대한 다섯 철학자의 아포리즘을 독자들이 직접 필사하며 곱씹을 수 있도록 페이지를 구성했습니다. 필사筆寫의 목적이 필사적必死的으로 무언가에 대한 답을 찾는 일이라면, 이들의 말과 글이야말로 그에 딱 어울린다는 생각도 해봅니다.

우디 앨런 감독의 영화 〈미드나잇 인 파리〉를 보신 적 있나요? 주인공 '길Gil'은 할리우드 삼류 시나리오 작가로 소설가가 되고 싶어 합니다. 하지만 정작 비난과 조롱을 받을까, 작품을 누구에게도 보여주지 못하죠. 그는 약혼녀와 파리에 왔다가 우연히 과거로 돌아가게 되고,

1920년대를 풍미하던 헤밍웨이, 스콧 피츠제럴드, 피카소, 살바도르 달리 등을 만납니다. 그곳에서 만난 여인과 함께 1800년대 벨 에포크 시대로 거슬러 올라가 로트렉, 드가, 고갱을 만나기도 합니다.

다섯 철학자와의 만남은 마치 그 영화처럼 과거로 들어가 시대와 존재와 영혼을 노래하던 실존 인물과 맞닥뜨린 듯한 느낌을 줍니다. 일반적인 철학서에서라면 어렵고 난해했을 그들의 말이 마치 눈앞에서 들려주는 듯 친근하고 가깝게 느껴질 것입니다.

한국인이 가장 좋아하는 철학자로 꼽히는 다섯 명은 르네상스 과학 혁명 시대에 태어나고 활동한 사람들입니다. 근대 철학의 아버지인 데카르트는 1600년대 인물로 중세의 종말을 경험했고, 칸트와 쇼펜하우어는 1700년대와 1800년대 중반인 산업혁명 이전에 활동했으며, 키르케고르와 니체는 1900년대를 열기 직전인 현대의 길목에 살았습니다.

이들은 인간의 이성이 얼마나 위대한지 처음으로 발견한 이들이며, 삶의 의미에 대해 치열하게 고민한 실존주의 철학의 문을 연 인물들입니다. 그런 만큼 그 어떤 철학자들보다 훨씬 더 깊이 있고 치열한 삶의 지침을 풀어냅니다.

또한 공교롭게도 다섯 인물들은 모두 호화롭거나 명예롭거나 안락하거나 다복한 삶과는 거리가 먼 이들입니다. 당시 시대 분위기를 고려하면 가능했을까 싶을 '독신'을 고집했고, 시대와 불화했다는 공통점이 있습니다.

철학을 의미하는 필로소피는 'philos(사랑)'와 'sophia(지혜)'의 결합어입니다. 지혜를 사랑하는 일에 몸과 마음을 바쳤기에, 철학자 중에는 유독 독신이 많습니다. 여기 소개하는 니체, 쇼펜하우어, 데카르트, 칸트, 키르케고르 모두 독신이었고, 철학의 조상이라 불리는 플라톤, 데카르트와 당대 자웅을 겨룬 스피노자, 그 외에도 라이프니츠, 볼테르, 파스칼 등도 독신이었습니다.

고독과 씨름하고 책 속에 파묻혀 살면서, 오롯이 삶의 지혜만을 추구하던 그들의 일상 또한 이 책을 통해 엿볼 수 있습니다.

이번 책을 준비하면서, 다섯 명의 철학자가 쓴 책을 읽고 그들의 삶과 고민을 밑바닥까지 들여다보는 소중한 시간을 가졌습니다. 그 시간을 통해 철학자는 '과거로부터 배우고 현재를 사유하며, 또다시 이 모든 것을 극복하고 미래를 향해 나아가는 자'라고 새삼 생각하게 되었습니다.

그들은 그리스와 로마 철학자들의 글과 말에서 답을 찾으려 노력했고, 당대 함께 고뇌하던 지성인들과 논쟁하며 현재를 치열하게 고민했고, 그리하여 미래에 올 우리에게 뼛속까지 새길 소중한 지혜를 남겨주었습니다. 그들의 유산 속에서 우리는 새로운 공기를 숨 쉬고 타는 듯한 갈증을 채우며, 막연하고 고되기만 한 인생의 진정한 의미를 되새깁니다.

이 책에서는 각각의 아포리즘이 어떤 책에서 나왔는지 출처를 일일이 밝히지 않습니다. 철학 연구의 목적으로 쓰인 철학서가 아니기에, 독자 여러분이 이 책을 공부하듯 읽기를 원하지 않습니다. 이론이나 배경 없이 문장만으로도 가슴을 두드리는 무언가를 발견할 수 있을 것입니다.

다만 모든 아포리즘은 책의 맨 뒤에 정리되어 있는 각 철학자의 저작물에서 오롯이 나왔으므로, 해당 원서를 거의 다 찾을 수 있음을 밝혀 둡니다. 이 책에서 인용한 '철학자의 말'에 이끌려 그들의 세계에 더 깊이 발을 내딛고 싶은 마음이 든다면, 기꺼이 더 깊이 있는 독서로 이어 가시기를 바랍니다.

# Contents

| 들어가며 | 우리에겐 조용히 앉아 철학하는 시간이 필요하다    004

## *Part 1*
## 프리드리히 니체 *Friedrich Nietzsche*

### 우리가 살아가야 할 이상과 지향에 관하여

1 기꺼이 일어서서 원하는 그곳을 향해 나아가라    018
2 바람과 비가 나를 성장하게 할지니    028
3 인생이라는 보물 창고의 열쇠를 찾으려면    042
4 당신이라는 가치는 무엇도 꺾을 수 없다네    054
5 목마른 태양처럼, 세차게 흐르는 강물처럼    064
6 인간이 누릴 수 있는 최고의 행복이란    072

## *Part 2*
## 아르투어 쇼펜하우어 *Arthur Schopenhauer*

### 고독하지만 찬란한 삶에 대하여

1 계획대로 되지 않는 것, 그것이 인생이더라!    090

2 어떤 인생을 살기 위해 애써야 할까? 100
3 오늘도 사람들과 부대끼고 돌아온 당신에게 110
4 내 마음을 토닥토닥 돌봐주세요 122
5 세상에서 나 혼자만 힘들고 상처받은 것 같을 때 134
6 영혼도 물을 주지 않으면 말라비틀어진다네! 144
7 숨찬 하루는 위대한 삶의 조각 156

# Part 3
## 르네 데카르트 René Descartes
### 끊임없이 성찰하고 사색하는 즐거움에 관하여

1 나는 생각한다, 그러기에 나는 여기 있다! 168
2 위대한 지성을 소유하기 위해 추구해야 할 것 176
3 미지의 인생을 헤쳐 가려면 지혜가 필요해요 190
4 무언가를 세우기 위해 완전히 부숴야 할 때도 있다 200

# Part 4
## 임마누엘 칸트 Immanuel Kant
### 인간으로 태어난 우리의 목적에 관하여

1 우리는 누구이며 무엇을 위해 세상에 왔을까요? 214

2 당신 안에 있는 양심과 도덕의 소리에 귀 기울이라 — 222
3 막연한 행복이 아닌, 뚜렷한 행복을 구하라 — 230
4 내 안에 담긴 빛나는 씨앗을 싹틔우려면 — 238
5 인간으로 태어난 목적의식을 절대 잊어버리지 마라 — 248

# Part 5
## 쇠렌 키르케고르 Søren Kierkegaard
**불안, 공허, 결핍이라는 존재의 필연을 넘어서는 법에 대하여**

1 돛을 펼치고 과감히 나아가라 — 260
2 불안은 살아 있는 인간만이 누릴 수 있는 특별한 감정 — 268
3 탄식의 다리를 건너 영원으로 향하는 길 — 276
4 위대한 삶에 도달하기 위해 선택해야 할 것들 — 288
5 그대 안에 있는 놀라운 신성을 발견하기를 — 298

• 한국인이 좋아하는 철학자 5인의 주요 저작 — 304

# Part.1

## 프리드리히 니체

*Friedrich Nietzsche,*
*1844~1900*

**우리가 살아가야 할
이상과 지향에 관하여**

*Friedrich Nietzsche*

독일의 작가 쿠르트 투홀스키는 이렇게 농담했습니다. "필요한 주제를 던져 보라. 그러면 내가 거기 맞는 니체의 명언을 제시하겠다." 그만큼 엄청난 어록과 뛰어난 카피라이팅 능력을 보유한 니체는 오늘날 돌이켜보면 매우 선구적인 심리학자이자 자기계발 전문가가 아니었나 싶습니다.

철학자들이 신의 손아귀에서 벗어나 '나는 누구이며, 어디로 가고 있는가?' 하는 질문에 천착할 때, 그 누구보다 과감하게 '신은 죽었다!'라고 일갈한 인물이기도 합니다. 니체는 자유로운 영혼의 소유자, 도덕과 엄숙주의를 향해 반대 깃발을 높이 든 혁명가, 광야에 홀로 선 예언자, 새로운 정신의 콜럼버스와도 같은 인물입니다.

어렸을 때부터 음악가가 되고 싶어 했기에 바그너를 비롯한 여러 음악가와 교류하거나 깊이 있게 비판할 수 있는 안목을 갖췄고, 자유로운 심미의 가치를 몸으로 체득했습니다.

아버지가 일찍 돌아가시고 어머니를 비롯한 가족들은 그가 신학을 공부하길 바랐지만, 속박을 견디기 힘들었던 니체는 '고전 문헌학'을 선택합니다. 그리스 철학자들을 만나면서 그는 자신만의 철학적 샛길을 발견했고, 우연히 헌책방에서 발견한 쇼펜하우어의 책《의지와 표상으로서의 세계》를 단숨에 정독하고 망치로 머리를 얻어맞은 듯 큰 충격을 받습니다. 허공을 떠돌던 니체의 사유는 쇼펜하우어로 인해 지상으로 내려왔고, 훗날 그는 쇼펜하우어를 비평하기도 했지만 그를 일컬어 '해방자이자 영혼의 소생자'라고 칭송했지요.

인간 문명이 안겨준 '마야의 베일(우리의 눈꺼풀을 가리는 장막)'을 거둬내고 인간 본연의 디오니소스적 자유를 찾는 삶의 방식을 '영웅적'이라고 불렀고, 그로부터 '초인$_{Übermensch}$'이라는 개념이 탄생합니다. 니체의 생 철학$_{Lebensphilosophie}$은 사유와 예술이 현실 세계 모사의 범주에서 벗어나게 했고, 오늘날 추상과 상상의 영역으로 확장된 비전 예술, 저항 예술, 전위 예술의 탄생을 가능케 했습니다. 그런 만큼 그에게 영향을 받은 작가, 시인, 화가, 음악가들은 엄청나게 많습니다.

하지만 니체는 한동안 유럽 정신사에서 홀대받기도 했습니다. 니체가 죽기 전 십여 년 동안 심한 정신병에 시달리며 투병했다는 것은 잘 알려진 사실입니다. 결혼을 하지 않았던 탓에 니체의 모든 저작에 대한 관리를 여동생이 맡아 했는데, 여동생은 반유대주의자에다 훗날 나치즘의 모태가 되는 순혈주의자들과 가까웠다고 합니다. 그런 여동생의 관점과 시야로 니체의 모든 작품이 관리되었고, 심지어 니체 사후엔 그가 쓰지 않았던 내용으로 윤색되어 출판되기도 했습니다. 훗날 하이데거가《니체의 말》을 펴내 바로잡기까지 그의 철학은 상당한 오해를 받았습니다.

그러나 오늘날 세계 정신사에서 니체를 부정하는 사람은 아무도 없습니다. 깨어 있는 정신의 삶, 신神과 부모와 역사라는 짐을 벗어 던지고 자기를 찾아 나서는 새로운 유형의 '인간 탄생'을 예언한 그의 철학에 힘입어 우리는 지금 여기서 어떻게 살아야 하는지에 대한 명징한 힌트를 얻습니다. 여기, 추상같이 날카롭게 폐부를 찌르는 니체의 명언들을 만납니다.

# 1 기꺼이 일어서서
## 원하는 그곳을 향해 나아가라

**그대의 삶을 있는 힘껏 사랑하라!**

우리는 기꺼이 짐을 지고 나아가는 나귀들.

한 방울 이슬에도 파르르 떠는 장미꽃잎 따위가 아니다.

우리가 삶을 사랑하는 이유는

살고 싶어서가 아니라 사랑하고 싶어서다.

*It is true we love life not because we are want to live, but because we are want to love.*

*Friedrich Nietzsche*

## 그대의 문제는
## 생각이 너무 많은 것

조용히 누워서 생각을 너무 많이 하지 않는 것!

이것이야말로 영혼의 모든 질병을 치료하는

가장 저렴한 약이다.

긍정의 힘을 빌릴 수 있다면,

시간이 흐를수록 이 약을 먹는 일이

더욱 즐거워질 것이다.

## 당신을 지킬 수 있는 건
## 오직 당신뿐

자신을 지키지 않는 자,

독이 든 침과 사악한 시선조차 묵묵히 삼키는 자,

무던히 참기만 하는 자,

모든 것을 인내하는 자,

주는 대로 고분고분 만족하는 자.

이들은 오로지 노예일 뿐이다.

우둔함이야말로 인간에게 지워진 가장 무거운 짐이다. - 세네카

## 우리는 모두 아름다운 낙원에 사는 어린아이

세상에 죄악이 어떻게 왔을까?

오로지 이성의 오작동으로

우리가 서로를 더 어둡고 사악하다 여겼기 때문이다.

이 사실을 알면 편안해지고

인간과 세계의 순수한 참모습이 영광 속에 드러난다.

어린아이는 때로 두려운 꿈을 꾸지만,

이내 눈을 뜨고 자신이 낙원에 있다는 걸 알게 된다.

*When it opens its eyes it always finds itself back again in Paradise.*

*Friedrich Nietzsche*

PART.1 | 프리드리히 니체

## 시간의 바보가 되지 말고
## 행동하라

바보, 시간의 바보들이여!

그것은 어디에도 없고 오직 네 머릿속에만 있다.

묻노니, 당신은 무슨 일을 했는가?

당신이 소망하고 기다려온 그것.

그것이 되고 싶고, 갖고 싶다면

바로 지금 그것을 하라!

*If you want to be and have what you hope for, what you await, do it!*

**Friedrich Nietzsche**

## 2  바람과 비가
## 나를 성장하게 할지니

### 곧고 짧은 길이
### 인생의 지름길은 아니다

선원들은 경험으로 안다.

'지름길이란 곧고 짧은 길이 아니라는 것'을.

그보다는 적절한 바람이 돛에 불어주는 길이라는 것을.

*The shortest way is not the straightest possible.*

## 무슨 일이든 되어 가려면
## 거름이 필요하다

이상주의자는 자기가 하는 일이

세상 어떤 일보다 고귀하다 착각한다.

그러나 무슨 일이든 성공하려면

역한 냄새가 나는 거름이 필요하다.

이것을 모른다면 순진한 것이다.

## 고통스럽다고 해서
## 영혼까지 움츠려선 곤란하다

고귀한 영혼은

언제나 가장 높이 비상하는 자들이 아니다.

때로 올라가고 내려가더라도

늘 자유롭고 밝은 공기와 고도 속에

살아가는 자들이다.

## 고통스럽다는 것은
## 앞으로 나아가고 있다는 증거

계획하고 목표를 세우는 건 매우 즐겁다.

평생 계획만 세울 수 있다면 행복한 자이리라.

그러나 계획을 실행할 수밖에 없는 때가 온다.

그때는 분노와 자각이 밀려올 것이다.

열망할 것은 적고 두려워할 것만 많다니, 이 얼마나 비참한 마음 상태인가! - **프랜시스 베이컨**

## 먼 곳을 보며 낙담하기보다
## 할 수 있는 것을 하라

첫째, 가장 확실하고 검증된 것만을 삶의 목표로 삼아라.

멀고 불확실하며 뜬구름 잡는 목표는 안 된다.

둘째, 최종 목표를 향해 삶을 정비하고 나아가기 전에

가까운 것과 덜 가까운 것,

확실한 것과 덜 확실한 것의 우선순위를 정하라.

어려움에 부닥치면 기억하라. 힘든 시기는 지나가며 압박은 줄어들고 짐은 덜어진다.
우리는 늘 방법을 찾을 것이다. - 세네카

## 시련과 고통조차
## 사랑하는 세계의 일부

모든 게 다시 시작하고 모든 것이 영원하며,

모든 것이 연결되어 있고 묶여 있고 이어져 있다.

그러한 세상을 사랑했으니,

그대여, 이 세계를 어떤 순간에든

언제까지나 사랑하라.

아픔을 향해 외쳐라.

"사라져라! 그러나 때가 되면 돌아오라."

## 강하게 자란 나무만이
## 시련을 이겨낸다

하늘을 향해 자랑스레 솟아오른 나무는

미움, 질시, 아집, 불신, 가혹함, 탐욕, 폭력 같은

좋은 환경이랄 수 없는

악천후와 폭풍까지도 피해 내고야 만다.

온화한 자연이 만든 독 따위로는

시련으로 강해진 자를 해칠 수 없고,

그러기에 더 이상 독이 아니다.

*Friedrich Nietzsche*

## 3  인생이라는 보물 창고의 열쇠를 찾으려면

### 그대에게 주어진 운명을 사랑하라!

아모르 파티 *Amor fati*,

'자신의 운명을 사랑하라'라는 말은 내 존재의 정수다.

나는 건강보다도 내 오랜 질병에

더 많은 것을 빚지고 있지 않은가.

이것으로 나는 더 높은 차원의 건강을 얻었으니,

'나를 죽이지 못하는 모든 고통으로부터

더 강해지는 법'을 배운다.

## 삶이 주는 질문에
## 과감히 당신만의 답을 하라

시험과 질문, 그것이 내가 걸어온 길이다.

물음에 답하는 법을 배워야 한다. 이것이 내 취향이다.

좋지도 나쁘지도 않고 부끄럽거나 숨길 것도 없는

나의 취향.

"이것이 내 방식이다. 당신은 어떤가?"

A testing and a questioning hath been all my traveling.

*Friedrich Nietzsche*

## 위대한 작가에게는 고통조차 훌륭한 소재가 된다

자신이 지금 어떻게 고통 받는지만 쓰면 우울한 작가다.

반면 과거에 고통 받다가

지금 어떻게 기쁨 안에서 안식을 얻었는지를 쓰면

위대한 작가가 된다.

PART.1 | 프리드리히 니체

## 인생이라는
## 숨은 보물 창고의 열쇠

뛰어난 사람은 조소와 조롱의 대상이 되면서도

자기가 믿는 가치를 실현한다.

다른 사람 눈엔 낡은 고철에 불과한 것으로

숨은 보물 창고의 열쇠를 만들어낸다.

살아가고 사랑하자. 그것이 세상에 온 이유를 경험하는 유일한 방법이니까. - 스콧 피츠제럴드

*Friedrich Nietzsche*

## 지나친 신중함과 머뭇거림을 경계하라

지금 잠시 중단하거나 숙고하고 있는가?

공포 탓에 앞으로 나아가지도 못하고

욕망 탓에 뒤로 물러서지도 못한 채,

마치 도살장 앞에 쪼그려 앉은 개처럼

눈만 휘둥그레 뜨고 있는 건 아닌가 주의하라.

## 운명조차 당신 스스로 선택하는 것

'자신을 의지하라, 그로써 진짜 자신이 되어라!'

이러한 신념에 따라 행동하는 자들은

운명조차 스스로 선택한다.

그러나 소극적이고 관조적인 자는

삶에 발을 담그는 순간부터

한 번 정하면 돌이킬 수 없다는 생각에 주저한다.

*'Will a self, so you will become a self.'*

## 4  당신이라는 가치는
    무엇도 꺾을 수 없다네

**세상이 발견 못한
당신이라는 가능성의 신대륙**

나 이제 내 아이들의 나라,

아직 발견되지 않은 멀고 먼 대양의

그 나라만 사랑하리라.

나의 돛에 명령해 그 나라를 끝까지 찾아내리라.

내가 조상의 아이로 겪은 것을

그 아이들에게는 보상하리라.

모든 미래에, 그리고 현재를 위해!

## 자신감을 품고
## 지혜의 길로 나아가라

확고한 발걸음과 넘치는 자신감으로

지혜의 길로 나아가라.

어떤 상황에 놓였든 스스로 경험의 원천이 되어

자신을 도우라.

본성에 대한 불만을 던지고 자기 개성을 끌어안아라.

지식으로 도달하는 백 걸음의 사다리가 우리 안에 있다.

*Serve yourself as a source of experience!*

## 세상의 진짜 모습을 보는 것은
## 때로 아프다

침대에 누워 요양하라는 처방을 따를 때는

때로 불쾌한 욕창이 생길 수 있다.

그렇다고 그 처방이 잘못되었다는 의미는 아니다.

오랫동안 자기 밖에서 살다가

마침내 철학적 내면 생활로 들어온 사람은

감정과 정신에 상처가 생길 수 있음을 알게 된다.

## 도덕이 세상에 만연한 진짜 이유

덕목은 악덕만큼이나 위험할 수 있다.

우리 내부에서 온 것이 아닌

외부의 권위와 법률로 힘을 얻을 때 그러하다.

*Virtues are as dangerous as vices.*

## 책임과 비난의 대상은
## 오로지 나 자신뿐이다

우리 자신에 대한 책임은 오롯이 우리에게만 있다.

생의 소명을 놓쳤을 때 쏟아야 할 비난 역시

그 어떤 높은 권력을 향해서가 아니라

오직 나 자신만을 향할 수 있다.

*Only we are responsible to ourselves.*

# 5 목마른 태양처럼, 세차게 흐르는 강물처럼

## 몸과 마음과 영혼을 깨어나게 하라!

저 돌 속에 내 꿈의 형상이 잠들어 있다.

단단하고 보기 흉한 돌 속에 갇힌 꿈이여,

이제 나의 망치로 감옥을 때려 부순다.

돌에서 파편이 날리고, 기필코 나는 형상을 완성하리라.

만물 가운데 가장 고요하고 가벼운

내 꿈의 그림자가 나를 찾아왔으니.

*The stillest and lightest of all things once came unto me!*

*Friedrich Nietzsche*

## 나는 지식을 끌어올려
## 빛으로 만드는 주인공

태양이 목말라서 입맞추고 빨아들이는 모든 것은

증기가 되어 높이 올라 빛의 경로가 되고

마침내 기어이 빛 그 자체가 된다.

태양처럼 나 역시 생명과 심해를 사랑한다.

나에겐 그것이 지식이다.

그러니 깊이 잠겨 있던 모든 것들이여,

다 내게로 올라오라!

## 부유함도 자유로운 삶에는 방해가 된다

어느 단계까지의 소유만이

인간을 독립적이고 자유롭게 한다.

지나치면 소유가 주인이 되고 주인은 노예로 전락한다.

어느새 시간과 생각을 바치게 되고,

원치 않는 관계에 내몰리며,

한 곳에서 벗어나지 못하고, 체제에 얽매인다.

이는 실제적이고 본질적 욕구에 거스르는 것이다.

자유는 마음속에 욕망을 가득 채운다고 해서 얻어지는 게 아니다.
오히려 욕망을 없애야 얻을 수 있다. - 에픽테토스

## 그대의 지류를 끌어당기는 원류가 되라!

강물은 혼자 힘으로 그토록 크고 풍부하게

불어나지 못한다.

숱한 지류를 받아들이며 계속 흘러가야만 한다.

정신의 위대함도 마찬가지다.

중요한 것은 오직, 지류가 따라올 방향을 제시하는 것!

그 사람이 뛰어난 재능을 타고났는지,

그렇지 않은지는 중요하지 않다.

*No stream is large and copious of itself.*

# 6 인간이 누릴 수 있는 최고의 행복이란

## 인간에게서만 나타나는 네 가지 오류

인간은 네 가지 오류에 끌려다닌다.

첫째, 스스로가 불완전하다고 믿는 것.

둘째, 상상 속 자질을 갖기 위해 힘쓰는 것.

셋째, 동물과 자연과의 관계 속에서 자신의

지위를 잘못 가늠하는 것.

넷째, 영원하고 조건 없는 시간이 주어졌다고 착각하는 것.

인간성, 인간다움, 존엄이란 모두

이 네 가지 오류의 영향 아래 있다.

## 사소한 것이
## 가장 중요한 행복의 요소

어떤 태도로 살까? 하루를 어떻게 분배할까?

누구와 교제하고, 무엇에 시간을 쏟을 것인가?

일과 휴식을 어떻게 나눌까?

무엇을 이끌고, 무엇에 따를 것인가?

자연과 예술, 음식, 잠, 사색을 어떻게 대할 것인가?

이런 삶의 운영에 좋고 나쁨이 없다는 것.

가장 사소하고 일상적인 것에 무지하고

정교한 안목이 없는 것.

많은 이들에게 이 땅이 황량한 재앙이 되는 이유다.

## 무엇이 당신을
## 진정 인간이게 만드는가?

자기에게 좋은 것은 최대로 즐긴다.

쾌락, 욕망이 한계까지 도달하면 멈출 줄도 안다.

상처받았을 때 어떻게 치유할지 배우고,

심각한 사고조차 유리하게 전환할 방법을 안다.

그를 죽이지 못하는 것은

오직 그를 강하게 만들 뿐이므로.

자신에게 전적으로 의지하고 모든 걸 스스로에 맡기는 자보다 더 행복한 사람은 없다. - 키케로

## 알에서 깨어나려면
## 알을 부숴야 한다!

당신의 가치에서 자라난 강력한 힘과 새로운 도약이

알과 껍질을 깨뜨린다.

선악의 창조자가 되려면 먼저 파괴자가 되어

가치를 산산조각 내야 한다.

침묵하는 것은 악이며, 억눌린 모든 진리는 독이 된다.

그러니 우리의 진리로 낡은 진리를 깨뜨리고 결별하자!

아직 지어야 할 집이 이렇게나 많으니.

Many a house is still to be built!

*Friedrich Nietzsche*

## 우리는 자유를 찾아다니는 영혼의 유목민

우리 자신을 '거처 없는 영혼'이라 부를지니,

자유야말로 우리 정신의

가장 강렬한 충동이기 때문이다.

속박되어 뿌리 내린 정신과 달리 우리는

지적 유목 생활에서 진정한 이상을 발견할 테니.

# 건투를 빈다,
# 삶을 향한 그대의 의지여!

나의 의지 안에는 내 젊은 날에 실현하지 못한 것들이

여전히 살아 숨쉬고 있다.

생명과 젊음을 안고서

무덤의 노란 폐허 위에 희망으로 올라선 나의 의지여,

내 모든 무덤을 허무는 자여.

건투를 비노니,

오로지 무덤이 있는 곳에만 부활이 있으리라.

*Only where there are graves are there resurrections.*

*Friedrich Nietzsche*

# Part.2

## 아르투어 쇼펜하우어

*Arthur Schopenhauer,
1788~1860*

**고독하지만 찬란한
삶에 대하여**

*Arthur Schopenhauer*

여기, 외로운 사람이 있습니다.

사업을 하면서 큰 연금을 남기고 세상을 떠난 아버지 덕에 평생 경제적으로 자유로웠던 사람, 아버지의 부로 사교계를 누비던 어머니를 증오하며 여성에 대한 동경과 미움이라는 양가적 감정을 갖게 된 사람, 플라톤과 칸트의 계승자이자 괴테를 사랑하고 바그너로부터 존경을 받았던 사람.

그는 생전 자신이 갈망하던 학계와 강단에서는 홀대받고, 필생의 역작《의지와 표상으로서의 세계》를 출간했으나 1년이 지나도록 100권도 팔지 못합니다. 당대 유명 철학자였던 헤겔의 강의실은 미어터지는데 반해, 자신의 강의실은 파리만 날리며 학생들로부터도 외면당하죠.

세상과의 결별을 선언한 그는 43세에 프랑크푸르트에 정착한 이래, 홀로 고독하면서도 지적이고 충만한 삶을 살아갑니다.

매일 아침 일곱 시에 일어나 냉수욕을 한 다음 오전에는 글을 쓰고,

식사 전에는 플루트를 연주하고, 점심 후엔 철학과 문학 고전을 탐독하고, 네 시에 푸들과 산책하고 저녁엔 연극이나 음악회를 관람하고 자기 전에 동양 경전을 읽는 것. 이것이 그의 일과였습니다. 그는 이런 생활을 무려 28년이나 지속합니다.

일찍부터 라틴어와 고대 그리스어를 익혔고, 프랑스어, 영어, 이탈리아어, 스페인어까지 능숙했던 그는 철학자이자 비평가, 문학평론가, 과학자, 종교학자이며, 철학뿐 아니라 문학, 수학, 화학, 물리학, 천문학, 생리학, 지질학, 해부학 등 분야를 망라한 전문가급의 수준 높은 지식을 쌓았습니다. 그래서일까요? 훗날 니체, 톨스토이, 아인슈타인, 헤르만 헤세, 버나드 쇼, 프로이트, 비트겐슈타인 등 수많은 천재가 '그의 지성에 빚을 졌다.'라고 고백한 우리 시대 최고의 마스터 마인드Master Mind이기도 합니다.

우리는 왜 쇼펜하우어에게 열광할까요? 피붙이도 시끌벅적한 모임도 없는 철저한 고독 속에서 인간 본연의 존재 의미를 처절하게 탐구했기 때문일 것입니다. 세상을 냉소하는 그의 시선에서 역설적으로 자신을 사랑하고 삶을 제대로 살아가는 법을 배우기 때문일 것입니다.

오늘날 우리는 군중 속의 고독을 느낍니다. 열심히 달리고 있으나 무엇을 위한 것인지 알 수 없고, 거짓과 위선의 소음 속에서 점점 지쳐 갑니다.

하루를 사람들 속에서 부대끼고 돌아와 '왜 사는가?', '어디로 가는가?'를 고민하는 우리에게 쇼펜하우어는 누구보다 통렬하며 명쾌한 방향을 제시합니다. 그의 말을 곱씹어 눌러 적으면서 우리는 지금 내가 서 있는 이곳을 직시하고, 폭풍과 시련 속에 있으나 '그럼에도 불구하고' 앞으로 나아갈 수 있는 힘을 얻습니다.

 그의 말을 필사하면서, 그의 하루를 상상해 봅니다. 선배 철학자의 멋진 사상과 문장에 감탄하고 아름다운 그림과 감미로운 선율에 전율하며, 장래를 살아갈 젊은이들을 위해 깊은 철학적 숙고를 이어가던 외로운 사람. 가슴 깊은 곳으로부터 토해내듯 남긴 그의 조언을 새기면서, 작은 용기와 위안을 얻습니다.

 **1** 계획대로 되지 않는 것,
그것이 인생이더라!

## 인생에도
## 지혜로운 경영이 필요하다

삶은 매우 옹색한 비즈니스이니

좋을 때 더 엄격히 경영해야 한다.

젊음은 여유로우니 가진 것에 자족하라.

나이 들어 인생의 즐거움과 기쁨이 낙엽 지듯 떨어질 때

겨울의 상록수처럼 명성이 때맞춰 싹을 틔운다.

명성은 여름에 수고해 성탄에 즐기는 열매와 같다.

*Life is such a poor business.*

## 당신은 지금을 살면 된다, 그거면 된다

아무리 계획이 원대해도,

인간은 먼 미래를 내다볼 수 없다.

앞으로 벌어질 사건의 진로조차 전혀 예측할 수 없다.

인간의 지식은 오로지

현재의 계획과 현재의 사건에 국한되어 있다.

## 인생은 어떤 의미로
## 시계추와도 같다

행복의 두 가지 적敵은 고통과 권태다.

한쪽에서 멀어져 안도하면,

다른 하나와 그만큼 가까워진다.

인생은 사실상

둘 사이를 오가는 격렬한 진자 운동이다.

*The two foes of happiness are pain and boredom.*

인간은 방안에서 고요하게 앉아 있지 못한다.
바로 그 하나의 이유 탓에 모든 불행이 생겨난다. - 파스칼《팡세》

## 헛되이 바란다고
## 이루어지는 일 따윈 없다

희망이란 무슨 일이 생겼으면 하는 욕망과

그것이 실제 이루어질 확률을 혼동하는 마음이다.

그 확률을 정확히 예측하는 이는 아무도 없으니,

아무리 지혜로운 자도

마음의 어리석음으로부터 자유로울 수 없다.

## 지금 이 순간이
## 당신에게 주어진 유일한 시간

찌푸리고 푸념하느라 얼마나 많은 시간을 낭비하는가?

땅거미가 내려앉을 때, 우린 비로소

즐기지 못하고 흘려보낸 시간을 돌아보며

헛되이 한숨 쉰다.

무심히 보내고 성급히 밀어낸 '현재'라는 모든 순간은

절대 흔하거나 당연하지 않다.

## 2. 어떤 인생을 살기 위해 애써야 할까?

# 당신이 서 있는
# 그곳이 바로 행복이다

진리 안에서 당신을 발견하고,

당신 안에서 진리를 발견하라.

당신의 열렬한 꿈을 채워 줄,

헛되이 찾던 집이 당신이 지금 서 있는 그곳에,

총체적이고도 낱낱이 빠짐없는 모습으로

자리하고 있음을 알게 될 것이다.

당신의 천국은 지금 발 디딘 그곳이다.

*It is there that your heaven touches your earth.*

*Arthur Schopenhauer*

## 지금 불안하다면
## 잘 살고 있는 것이다

우리 존재는 점차 사라지는 현재라는 토대 위에 서 있다.

생존은 오로지 끝없는 움직임일 뿐,

원하는 안정은 쉽사리 얻어지지 않는다.

계속 돌지 않으면 태양 속으로

빨려 들어가고 마는 행성처럼

생존의 전형적인 모습은 결국 불안이다.

## 행복한 사람이 가진
## 진짜 재산

삶을 사랑하는 사람은

불안한 충동 속에 머물지 않는다.

이는 고통을 불러오는 도취된 희열일 뿐이다.

대신에 간절한 열망 없이는 결코 이룰 수 없는 것,

즉 흔들리지 않는 평온함, 깊은 평정,

내면의 고요함을 취한다.

진정한 초대 없이는 진정한 즐거움이 찾아들지 않는다. - 볼테르

## 오롯이 당신 자신일 때
## 당신은 누구인가?

누구라도 타인이나 바깥 세계에

많은 걸 기대해선 안 된다.

한 사람이 다른 사람에게 되어 줄 수 있는 것은

어느 정도까지일 뿐이다.

결국 모두가 홀로 서게 되나니,

중요한 것은 홀로일 때 누구냐 하는 것이다.

나 자신으로부터 받는 행복이 주변 모두에게 받는 것보다 크다. - **메트로도로스**

## 인생을 현명하게
## 항해하라

인생은 불확실성으로 가득하다.

불편함, 부담감, 고통, 위험이 곳곳에 너무도 많다.

암초를 피하며 조심스레 헤쳐 나가야만

안전하고 행복한 항해를 할 수 있다.

나는 매일 무언가를 더 배우고 나서야 비로소 노인이 되었다. - 그리스 현인, 솔론

## 3  오늘도 사람들과
부대끼고 돌아온 당신에게

### 당신이 이끌리거나
### 거슬리는 그 사람은?

둔한 사람은 둔한 것에 끌리고,

평범한 자는 흔한 것에 끌린다.

생각이 뒤엉킨 사람은 혼란스러운 생각에 이끌리며,

어리석은 자는 지혜 없는 자에게 사로잡힌다.

무엇보다도 사람은 자기가 만든 것을 가장 좋아한다.

그것의 본질이 자신과 일치하기 때문이다.

사람들은 자기와 비슷한 결점을 지닌 상대에게 마음을 털어놓는다. - 알베르트 카뮈

*Arthur Schopenhauer*

## 사람들은 자기 고통을 덜려고 남을 괴롭힌다

인간 특성이 '악의 본성'이라고 말하지만

그것은 제대로 된 설명이 아니다.

끊임없는 존재의 고통으로 괴로운 나머지,

타자에게 고통을 줌으로써

자기 고통을 덜려는 삶의 의지.

나는 이렇게 정의한다.

*Arthur Schopenhauer*

## 당신을 보여주려 애쓰면
## 이용당한다

누군가에게 자꾸 비밀을 털어놓고 싶은가?

그러면 상대는 당신을 마음대로 해도 된다고,

예의에서 벗어나도 된다고 착각한다.

관계에서 우위를 갖는 유일한 방법은

당신이 상대로부터

독립적인 존재임을 분명히 알게 하는 것이다.

## 삶의 무게 중심을
## 자기 자신에게 두라

평범한 자는 행복을

사회적 지위, 배우자나 자녀, 친구, 사회 등

자기 밖에서 찾는다.

그걸 잃거나 실망하면 행복의 기반이 통째로 무너진다.

무게 중심이 자기한테 없고

소망과 충동에 이끌려 계속해서 바뀐다.

행복은 쉬이 찾아지지 않는다. 자기 안에서 찾기도 어렵지만
그 바깥에서 찾기는 불가능하다. - 프랑스 작가, 세바스티앙 샹포르

## 누구든 어느 정도
## 거리를 두는 것이 좋다

우화 속 고슴도치는

어느 추운 날 온기를 나누려고 모여들었다.

하지만 뭉칠수록 서로의 바늘이 찔러대서

흩어질 수밖에 없었다.

그렇게 모이고 흩어지기를 반복한 끝에,

고슴도치들은 서로 약간의 거리를 유지하는 게

가장 좋다는 걸 마침내 깨닫는다.

## 상처 주는 사람에게서
## 당장 벗어나라

당신에게 상처 입힌 친구와 화해하지 마라.

이는 약점을 잡히는 행동이다.

헤어지게 된 바로 그 일을 다시 당하는 순간,

대가를 치른다.

당신이 자기 없이 지낼 수 없다는

암묵적 자만심을 품고서

한층 더 거침없이 나서기 때문이다.

*Arthur Schopenhauer*

 **4** 내 마음을
토닥토닥 돌봐주세요

## 지금과 내일만 생각하고
## 과거는 잊어라

인생을 지혜롭게 사는 법 하나.

현재에 관한 생각과 미래에 관한 생각을

적절히 배분한다.

어느 한쪽에 과도하게 집중한 탓에,

다른 한쪽이 망가지지 않도록 하라.

## 마음도 찬찬히
## 준비할 시간이 필요하다

불행이 오기 전 차분히,

무슨 일이든 벌어질 수 있다고 생각하면 어떨까?

최악의 경우 어떻게 될지

미리 충분히 생각할 수만 있다면,

그래서 적어도 자신에게 어디까지 영향이 미칠지

찬찬히 판단할 수 있다면.

진짜 불행이 닥쳤을 때 실제 이상의 무게로

우리를 과도하게 짓누르지 않을 것이다.

## 타인의 시선에
## 연연하지 마라

우리는 반사적으로 '사람들이 뭐라고 할까?'를 떠올린다.

인생에서 문제와 괴로움의 절반은

타인이 매긴 점수판에 전전긍긍해서 생겨난다.

자존감 밑바닥에 달라붙은 불안이라는 감정은

병적으로 매우 예민하기에 곧잘 수치심으로 이어진다.

인간의 일 무엇도 크게 걱정할 가치가 없다. - 플라톤

## 과거에 사로잡혀
## 스스로 괴롭히지 마라

충족되지 못한 욕망으로 생기는 고통보다

후회와 자책으로 생기는 고통이 훨씬 크다.

전자는 알 수 없는 열린 미래를 향하지만,

후자는 돌이킬 수 없는 닫힌 과거를 향하기 때문이다.

## 자신과 남을 관대하게
## 용서해야 하는 이유

삶의 경험이 쌓일수록 사람은

두 가지 능력을 갖추는 것이 상당히 유용함을 깨닫는다.

미리 내다보기와 눈감아 주기.

전자가 상실과 상처로부터 자신을 보호한다면,

후자는 분쟁과 다툼에서 안전하게 한다.

*To look ahead and to overlook.*

## 마음의 스승은
## 늘 당신 안에 있다

밝고 좋은 순간을 기억하라.

이를 우울하고 둔감하고 어리석을 때,

올바른 행동을 하도록 교과서로 삼아라.

우울하고 둔감하고 어리석은 순간을 기억하라.

이를 밝고 기쁠 때 겸손함을 가르칠 선생님으로 삼아라.

*Arthur Schopenhauer*

# 5 세상에서 나 혼자만 힘들고
상처받은 것 같을 때

## 쾌락이 아니라
## 고통이 없는 것이 행복이다

행복을 환희나 쾌락으로 측정하는 것은

잘못된 기준이다.

쾌락은 소극적인 것에 지나지 않으므로

쾌락이 행복을 만든다는 생각은

질투심이 스스로를 벌하기 위해 품는 망상일 뿐이다.

그에 비해 고통은 적극적인 감각이므로,

고통의 부재不在는 행복의 기준이 된다.

## 완벽한 행복과
## 기쁨 같은 건 없다

젊었을 땐 세상에 행복과 즐거움이 넘치는데

내가 갖기 어려울 뿐이라고 여긴다.

그러나 나이가 들면 세상에 그런 건 없다는 걸 깨닫는다.

더 이상 집착하지 않고,

최대한 현재를 즐기고

사소한 것에서 즐거움을 찾으려 노력한다.

## 불행이라는 것의
## 요긴한 쓰임새

불행도 쓰임새가 있다.

대기압이 없으면 우리 몸의 골격은 무너진다.

삶에서 필요, 고난, 역경이 사라지고

성공과 행운만 남으면 어떻게 될까?

인간은 오만함으로 부풀어 오르다 못해

억제되지 않은 어리석음에 휘말려

결국 미쳐 버릴 것이다.

## 아픔이
## 우리를 자라게 만든다

고통은 직접적이고 즉각적인 삶의 원동력이다.

고통이 없으면 인생은 목표를 잃는다.

삶에서 반드시 필요하기에 어쩔 수 없이 생겨나는 것.

세상 곳곳의 고통을 모두 헤아리는 일은 어리석다.

개인의 불행은 특별한 듯 느껴지지만,

모두에게 공평하게 찾아갈 뿐이다.

*But misfortune in general is the rule.*

## 타인의 점수에
## 얽매이지 마라

세상의 갈채, 명성에 따라

영웅이나 천재로 불릴 순 있다.

그러나 오로지 다른 이들의 견해에 따라

가치가 매겨지는 존재란 얼마나 비참한가.

인간은 오로지 자신을 위해,

자신의 힘으로 살고 존재해야 한다.


나의 지혜는 온전히 나로부터 나오며 오직 나만 소유한다. - 키케로

 **6** 영혼도 물을 주지 않으면
말라비틀어진다네!

## 우리가 서로에게
## 주어야 할 선물

삶에서 가장 필요한 것은

관용, 인내, 배려, 서로를 향한 사랑이다.

누구나 이를 필요로 하기에

우리 모두는 서로에게 빚을 지고 있다.

*Therefore, every man owes to his fellow.*

## 당신은 무엇 때문에 울고 웃는가?

세상의 영광 대부분은 무대 위 연극처럼 진짜가 아니다.

대포를 터뜨리고 조명을 비추고

북을 치고 나팔을 불고 관객은 소리치고 손뼉 치지만,

그저 시늉과 암시와 기쁨의 모방일 뿐

거기에는 진짜 즐거움이 없다.

*Most of the glories of the world are mere outward show, like the scenes on a stage.*

Arthur Schopenhauer

## 지적인 인생을 살기 위해 노력하라

특별한 몇몇 사람은 개인적 삶과

지적 삶 두 가지를 병행한다.

지적 삶은 점차 진정한 삶의 자리를 차지하고

개인적 삶은 그것을 위한 수단에 머물게 된다.

슬프게도 대다수 사람은

얄팍하고 공허하며 문제투성이인,

수단으로서의 삶 자체를 목적으로 삼는다.

## 지금 당장
## 우리를 행복하게 하는 것

쾌활함은 행복의 동전이다.

다른 은행 어음들과는 달리

직접적이고 즉각적인 이익을 안겨준다.

지금 이 순간 우리를 즉시 행복하게 하는 쾌활함은

최고의 축복이기에

이를 유지하고 높이는 게

행복을 위한 노력의 지상 목표가 되어야 한다.

## 누구도 빼앗을 수 없는 나만의 가치

내 안에 있는 무언가,

혼자 있을 때도 동행하며

누구도 주거나 뺏을 수 없는 그것.

그것이야말로 세상의 눈에 보이는 무엇보다,

당신이 소유할 수 있는 중요하고 본질적인 것이다.

Arthur Schopenhauer

## 내면이 부자인 사람의 특징

운명은 잔인하고, 인간은 애처롭다.

세상 사람들이 서리와 눈이 내리는

차디찬 12월의 밤을 견디는 동안,

내면이 부유한 사람은 크리스마스를 맞아

밝고 따뜻하고 행복한 방에 있다.

 **7** 숨찬 하루는
위대한 삶의 조각

## 무한한 욕망이
## 외려 행복을 방해한다

한계야말로 행복을 만들어 내는 원천이다.

시야의 범위, 업무의 영역, 세상과의 접점이 제한될수록,

그와 비례해 행복하다.

경계가 너무 넓으면

걱정과 초조함에 빠지기 쉽고

근심, 욕망, 공포 역시 넓고 강해진다.

*Limitations always make for happiness.*

## 인간은 존재하는 한, 불안할 수밖에 없다

우리는 내리막길을 내달리는 사람과 같다.

쉼 없이 다리를 움직여 뛸 수밖에 없고

멈추면 곧장 넘어진다.

손가락 끝에 간신히 세운 막대기,

태양 주위를 빠르게 도는 행성처럼

멈추는 순간 무너진다.

불안이야말로 존재의 표식이다.

Unrest is the mark of existence.

*Arthur Schopenhauer*

## 지금이 바로 가장 소중한
## 인생의 순간이다

훗날 돌이키면 놀랄 것이다.

평생 얼마나 되는 대로 살았던가.

즐기지 못하고 무심코 지나친 나날이

그토록 바라던 삶이었구나.

인간은 가련하게도

허망한 소망을 품고

죽음의 팔에 안겨 춤추는 존재로구나.

# Part.3

## 르네
## 데카르트

*René Descartes,*
*1596~1650*

**끊임없이 성찰하고
사색하는 즐거움에 관하여**

*Descartes*

그는 꽤 겁이 많고 세심하고 예민한 사람이었던 듯합니다. 근대 철학의 창시자이자, 과학 철학자로 불리는 데카르트의 이야기입니다.

프랑스에서 나고 자라 대학까지 나왔지만, 성인이 된 이후에는 네덜란드에 정착해 기존 학계와 담을 쌓고 은둔하며 보냅니다. 어머니의 유산 덕에 생계 걱정 없이 살 수 있었죠. 오로지 학문만 연구하며 혼자 살았습니다. 자신만의 지적 프로젝트를 완수할 안전함과 평온함만을 원했다고 말합니다.

그는 평생 전쟁의 틈바구니에서 살았습니다. 프랑스 종교 내전 끝무렵에 태어나 최초의 세계 전쟁이라 할 수 있는 30년 전쟁도 모두 보았습니다. 직접 입대해 전쟁의 참상을 경험했지요. 신학과 철학, 구교와 신교, 보수와 개혁이 첨예하게 부딪히는 와중에, 파편을 맞지 않기 위해 부단히 애썼습니다. 야심 차게 준비한 《세계론》을 출판하려다가 갈릴레오의 유죄 판결 소식을 듣고 화들짝 놀라 철회하기도 합니다. 반

체제 철학자이자 우주의 무한설과 지동설을 주장한 조르다노 브루노가 공개 화형을 당하던 시절이었으니까요. 갈릴레오는 자기 학설을 포기하는 대가이자 고령이라는 이유로 가택 연금에 그쳤지만, 코페르니쿠스, 뉴턴, 케플러 등에 의해 17세기 과학 혁명이 시작된 이래 '신을 부정하는 과학'이 여전히 단죄받던 시대였습니다.

데카르트의 책들 역시 1663년 금서 목록에 오릅니다. 처음엔 억압받는 프랑스를 피해 네덜란드로 떠났지만, 결국 네덜란드 대학에서조차 그의 책이 금서가 되고 맙니다. 데카르트는 자신을 열렬히 지지한 스웨덴 여왕의 초대를 받아 스웨덴으로 이주하기에 이릅니다. 그리고 그곳에서 혹독한 날씨와 살인적인 일정 탓에 얼마지 않아 죽음을 맞게 됩니다.

데카르트는 유럽 역사에서 '근대의 출발점'으로 인식되며, 철학사에서도 '근대 철학의 아버지'로 평가받습니다. 하지만 당대에 데카르트는 혹시라도 자기가 무신론자로 찍혀서 화형을 당하지 않을까 전전긍긍했던 것으로 보입니다. 그의 저작이나 편지 대부분은 누군가와의 논쟁을 담고 있는데, 끊임없이 기성 종교에 반하는 주장을 하면서도 자신은 여전히 가톨릭 신자이며 신을 믿는다는 것을 설득하려 애씁니다.

경제적으로는 윤택했을지 몰라도, 그의 가정사는 순탄하지 않습니다. 생후 14개월 되던 때, 동생을 낳던 어머니가 아이와 함께 죽고 바쁜 아버지 역시 거의 곁에 있지 않아 따뜻한 보살핌을 받지 못합니다. 일찍이 명문 라 플레슈 학원에 들어가 공부하고 푸아티에 대학교에서 법학과 의학을 공부했지만, '나는 세계라는 거대한 책 속에서 지식을 구하고자 한다!'라고 선언하곤 학계와 담을 쌓게 되지요. 평생 단 한 번 친구 집 가정부였던 헬레네와 비혼 상태에서 딸 프란신트헤를 낳지만, 그마저 다섯 살이 되던 해 성홍열로 잃고 맙니다.

  맹신과 광기의 시대, 오로지 이성으로 세계를 관찰하고자 노력한 그의 시선에서, 생각하는 자아로서 끝없이 현실을 성찰하고 돌아보는 냉철한 태도를 배웁니다. 과학자이자 철학자로서 고뇌하는 그의 말 안에서 궁극의 진리를 향한 탐구 정신을 읽습니다.

# 1 나는 생각한다, 그러기에 나는 여기 있다!

## 이성으로 표현되는 것만이 내가 사는 세상이다

우리는 눈에 보이는 세상을 묘사하는 게 아니라,

우리가 묘사하는 세상을 볼 뿐이다.

이성이란 우리를 인간답게 하는 유일한 것으로

짐승과 구별해 준다.

나는 이성이 존재한다는 것, 그리고 그것이

우리 각자에게 온전히 들어 있다는 것을

믿어 의심치 않는다.

*We do not describe the world we see, we see the world we can describe.*
우리가 선택할 수 있는 게 거의 없다. '나는 무엇이 될 것인가?' 외에는. - 세네카

## 유일하게 흔들리지 않는
## 진리 하나

나는 생각한다, 고로 존재한다!

이 진리만이 의심의 여지 없이 확실하다.

회의론자가 아무리 반박해도

입증되어 흔들리지 않는 진리.

나는 이것을 철학의 제1원리로 삼는다.

*I think therefore I am(COGITO ERGO SUM).*

다 알고 있다고 생각하는 사람은 무언가를 새롭게 배울 수 없다. - 에픽테토스

## 사물의 진짜 모습에 도달하는 방법

어떤 생명체(사람)가 되는

씨앗에 관한 철저한 지식을 갖는 것,

이것만으로도 전체에 대한 수학적 추론을 할 수 있다.

반대로 발현되는 형태의 특징을 낱낱이 안다면,

씨앗의 본질을 추론할 수 있다.

## 완벽한 사유에 이르는 네 가지 단계

첫째, 분명히 알지 못하는 것은 진실이라 여기지 않는다.

둘째, 문제를 가능한 한 잘게 나누어 해결책을 찾는다.

셋째, 단순하고 쉬운 것부터 복잡한 것으로 진척한다.

넷째, 하나도 빠뜨리지 않았다는 확신이 들 정도로 완벽히 검토한다.

## 2. 위대한 지성을 소유하기 위해 추구해야 할 것

### 느리게 가도
### 정도에서 벗어나지 마라

뛰어난 정신만으로 불충분하며, 제대로 적용해야 한다.

위대한 재능으로

가장 큰 성취를 이룰 수 있는 사람들이

가장 큰 탈선을 저지르곤 한다.

빠르게 달리려고 길에서 벗어나는 것보다

느리더라도 정도를 걷는 편이 훨씬 더 큰 진전을 이룬다.

## 행복을 갖다 준다는
## 신비한 주문을 믿는가?

의지에 온전히 의존하지 않고

진정 행복에 다다를 수 있는가?

의심을 떨칠 수 없다.

이성적 사고를 하는 능력, 합리적인 만족감을 누릴 능력.

이것을 완전히 앗아가는 질병이 세상에는 존재한다.

*René Descartes*

## 쓸데없는 고뇌에 빠지지 않는 현명한 태도

첫째, 삶에서 할 것과 하지 말 것을 구별하려 노력하라.

둘째, 열정이나 욕망에 휘둘리지 말고

이성이 권하는 것만 행하라.

셋째, 소유하지 않은 것은 내 권한 밖이니,

그걸 욕망하지 않는 데 익숙해지라.

*The first is to try to discover what should be done or not done in all life's situations.*

🌿 *René Descartes*

## 세상에 확실한 것은
## 무엇이 있을까?

내가 보는 모든 것이 거짓이라 가정하며,

날조한 기억이 안내하는 무엇도

실재하지 않는다고 여긴다.

나는 내가 감각이 없다고 가정한다.

몸, 형상, 연장 *extension*, 운동 *motion*, 장소…

모두가 마음이 만든 허상이다.

참된 것은 무언가?

아마도 '확실한 것은 없다.'라는 사실뿐이리라.

인간을 훼방 놓는 건 사건 자체가 아니다, 그에 대한 자신의 결정이다. - 에픽테토스

*René Descartes*

## 한 번이라도 나를 속였다면
## 신뢰하지 마라

감각을 통해 전달받은 것을

우리는 진실하고 확실하다고 여긴다.

그러나 내 관찰에 의하면

감각은 때로 우리를 잘못 이끈다.

그리고 단 한 번이라도 나를 속인 것에 대해서는

절대적으로 확신하지 않는 편이 신중하다.

*I observed that these sometimes misled us.*

## 누군가의 말보다
## 행동을 보아야 하는 이유

사람들의 견해를 정확히 알려면 '말'보다 '행동'을 보라.

우리의 습관이 타락해

자기 신념을 온전히 말하는 자가 거의 없고,

자기가 실제 무얼 믿는지

알지 못하는 자 역시 많기 때문이다.

혀와 함께 여행하지 말고, 발과 함께 여행하라. - 제논

## 의심과 실수 덕에
## 비로소 성장할 수 있다

나 자신의 숱한 의심과 실수 때문에 곤혹스러웠으나,

스스로 단련하려는 노력은

그 어떤 부정적 영향도 끼치지 않았다.

그저, 나 자신의 무지를

점차 새롭게 발견해 냈을 따름이다.

 **3** 미지의 인생을 헤쳐 가려면
지혜가 필요해요

## 한 번 정했다고 해서
## 고집할 필요가 없다

그렇다면 나는 무엇인가? 생각하는 존재다.

생각하는 존재란 무엇인가?

의심하고, 이해하고, 인식하고, 확신하고, 부정하고,

결심하고, 거부하고…

또한 상상하며, 오감으로 지각하는 것이다.

## 혹여 느리더라도
## 옳은 길을 나아가라

나는 어둠 속을 홀로 걷는 자처럼 천천히,

모든 것에 세심한 주의를 기울이며 나아가리라!

아주 조금씩밖에 갈 수 없지만,

적어도 넘어지지는 않으리.

내 역량의 나침반이 가리키는

모든 지식에 도달할 방법을 찾으리라.

René Descartes

## 깊은 사고와 단련으로
## 직관의 힘을 키워라

직관이란 의심의 여지 없이 순수하고

사려 깊은 마음의 개념으로

이성의 빛에 의해서만 생겨난다.

그러기에 막연한 추론보다 더욱 정확하다.

*Intuition is the undoubting conception of a pure and attentive mind.*

## 가만히 앉아 의심하는 대신, 뛰어들어 실험하라

단지 의심을 위해 의심하는 회의주의자들,

늘 아직 결정하지 못한 듯이 구는 자들을

나는 따라가지 않았다.

그들과는 반대로 확실성에 도달하고자 했으며,

온갖 부유물과 모래를 샅샅이 파헤쳐

그 아래 바위와 점토에까지 닿으려 했다.

## 목표에 도달할 때까지 주의를 기울이라

오류를 피하고 진리에 도달하려면 무얼 경계해야 할까?

완전히 인식한 것에만 주의를 기울이고,

혼란스럽고 모호한 것이 끼어들지 못하게 해야 한다.

앞으로도 부지런히 주의를 기울이리라.

 **4** 무언가를 세우기 위해
완전히 부숴야 할 때도 있다

## 옳다고 여겼던 모든 걸
## 의심해야 할 때도 있다

이 얼마나 놀라운 일인가.

어린 날 진실이라 여겼던

그토록 많은 것들이 가짜였으며,

훗날 나의 토대가 되었던 체계 전체는

실상 의문투성이였다.

인생에서 진정 무언가를 세우고 싶다면,

완전히 부순 다음 기초부터 시작하는 게

좋다는 걸 깨달았다.

🌿 *René Descartes*

## 성취는 의심이라는
## 토대 위에서 만들어진다

진실을 좇는 진정한 추구자가 되기 위해서

적어도 한 번은

우리의 삶에서 가능한 한 모든 것을

의심해야 한다.

정말 위험한 문제점은 진리인 척하고 장점들 사이에 숨어 있게 마련이다. - 몽테뉴

## 우연의 세계는
## 우리를 겸허하게 만든다

언제든 찾아올 죽음을 후회 없이 준비하라.

먹는 빵 한 조각이 독일 수 있고,

길을 걷다 기왓장이 떨어질 수도 있다.

우리 앞엔 수많은 우연이 도사린다.

불가피한 위험 속에 사는 한

지혜조차 우리를 지키지 못한다.

*We should be prepared to accept death without regret.*

## 세상에 내 마음대로 되는 것 단 하나

운보다는 자기 자신을 정복하기 위해 노력하라.

세상의 질서보다는 나의 욕망을 바꾸려 노력하라.

대체로 우리가 완전히 지배할 수 있는 대상은

오로지 나의 생각뿐이기 때문이다.

인생의 과제는 하나다. 내가 통제할 수 있는 것과 없는 것을 구분하는 것! - 에픽테토스

# Part.4

# 임마누엘
# 칸트

*Immanuel Kant,*
*1724~1804*

**인간으로 태어난
우리의 목적에 관하여**

*JKant.*

'입지전적인 인물'이라는 수식어는 이 사람을 위한 게 아닐까요?

대학은커녕 생계를 걱정해야 했던 가난한 집 아홉 남매 중 넷째로 태어나 줄곧 주변 사람들의 도움으로 겨우 대학 공부를 마친 사람, 학교만 다닐 수 없어 가정교사와 도서관 사서를 전전하며 알바로 숱한 세월을 보낸 사람, 키가 160센티미터도 되지 않고 몸도 성치 않아서 하루도 편히 안식하지 못한 사람, 평생을 작은 소도시(쾨니히스베르크)에 살았으나 세계를 내다보고 지성과 교류하며 우리 정신사를 바꿔놓은 사람….

그가 산책하는 걸 보고서 마을 사람들이 시계를 맞췄다는 이야기는 유명합니다. 평생 제일 멀리 떠난 것은 가정교사 시절 학생의 별장에 가느라 50킬로미터를 여행한 것이 고작이지만, 그의 가장 인기 있는 강의는 지리학이었으며 한번 가보지도 못한 세계 명소의 풍경을 눈앞에 펼쳐진 듯 묘사했다는 얘기 역시 흥미롭습니다.

그는 어렸을 때부터 병약해서 늘 정확한 리듬에 따라 살아야 한다는 생각을 거의 강박처럼 갖고 있었다고 합니다. 새벽 4시 55분 기상, 아침 7시부터 9시 대학 강의, 돌아와 오후 1시까지 연구, 3시까지는 집에 초대한 4~5명의 손님과 하루 한 끼 먹는 식사를 천천히 즐기면서 담소, 3시 30분부터 산책…. 시계추같이 지켜진 일과처럼 그의 철학 역시 엄정하고 논리적이며 명쾌합니다.

칸트는 대륙(유럽)의 합리론과 영국의 경험론을 통일해 '관념론'이라는 철학의 거대한 바다를 완성했고, 그가 쓴 세 권의 비평서(순수이성, 실천이성, 판단력)는 인류의 정신사를 바꿔놓았다고 평가됩니다. 그러나 그가 대학교 정교수가 된 것은 53세, 첫 책인 《순수이성비판》을 발표한 것도 57세의 일이었습니다. 정교수 전까지는 학교가 아닌 수강생에게 강의료를 받는 보따리 강사로 오래 일했습니다. 몸이 약한 그로서 얼마나 힘겨운 일이었을까 짐작합니다. '고난과 역경을 이기고 인간으로의 의무를 다하는 것'이 진정 무엇을 의미하는지 자기 삶을 통해 직접 보여준 인물이라고 해도 과언이 아닙니다.

그는 평생 한곳에 머물렀지만, 논리학, 수학, 물리학, 역학, 지리학, 생물학, 신학, 법학 등에 폭넓은 조예를 갖고 있었습니다. 대학교 강의 과목은 이들 학문을 모두 포괄했을 뿐 아니라 교육학과 심지어 요새 구축이나 불꽃 제조술까지 아울렀습니다. 뿐만 아닙니다. 가난한 학생을 위해 장학금을 마련하고, 젊은 후배의 책이 출판되도록 다리를 놓고, 사교계 부인들을 초대해 세 시간 넘게 요리에 관한 담소를 나누는 등 알려진 것처럼 냉철하고 준엄하기만 한 학자가 아니라 인간미와 위트가 넘치는 사람이었다고 합니다.

　그는 경제 능력이 없으면 결혼하지 말아야 한다는 소신에 따라 평생 독신으로 지냅니다. 그러나 그의 유산은 오늘날까지 후대에 살아 있습니다. 누구나 선한 의지만 있다면 도덕적 존재가 될 수 있고 재능, 부, 계급과 관계없이 '목적이라는 왕국'의 시민이 될 수 있다! 새로운 시대의 인류를 위해 그가 정립한 도덕률과 더불어 '올바르게 사는 길'에 관한 조언을 통해 인간으로서의 가치를 새삼 깨우칩니다.

## 1 우리는 누구이며 무엇을 위해 세상에 왔을까요?

### 나의 삶을 이끌어온 두 가지 원천에 대해

내 마음속에 끝없는 감탄과 경외를

언제나 새롭게 자아내는 두 가지.

저 위의 별이 빛나는 천상, 그리고

내 안의 도덕법칙. - 칸트 묘비문

The starry heavens above me and the moral law within me.

## 이론 없는 경험과
## 경험 없는 이론을 경계하라

내용이 없는 생각은 공허하고,

개념이 없는 직관은 맹목적이다.

이해만으로는 그 무엇도 감지할 수 없으며,

감각만으로는 그 무엇도 생각할 수 없다.

그 둘이 결합해야만 비로소 지식이 생겨난다.

*Thoughts without content are empty, intuitions without concepts are blind.*

## 자기 자신의
## 독자적 생각에 따라 산다는 것

왜 깨달은 자가 이리도 드물까?

우리 다수는 자기의 사고력을

충분히 발휘하지 못하는데,

타인, 기관, 권위자의 지침을 온순히 따르면서,

그들이 생각하라 알려주는 대로 사고하기 때문이다.

쉼 없이 자기 것이 아닌 것을 보살피느라,
정작 거기 있는 자신은 찾지 못했네. - 이탈리아 시인, 페트라르카

## 우리가 사물이 아닌 인간인 이유

수단으로서 상대적 가치만 있는

비이성적 존재를 '사물'이라고 한다.

단순한 수단이 아닌 목적이 본성에 드러나서

누구도 함부로 대하지 못하도록 하는

이성적 존재를 일컬어 비로소 '인간'이라고 한다.

*Rational beings are called persons.*

 ## 2 당신 안에 있는 양심과 도덕의 소리에 귀 기울이라

**선한 의지야말로
행복해지기 위한 조건이다**

도덕적으로 가장 완벽한 의지와

최고의 축복이 결합한 지성이야말로

세상 모든 행복의 원천이라 할 수 있다.

## 신뢰할 수 있는 사람의
## 몇 가지 조건

원칙을 지키는 이에겐 인격이 있다.

그에겐 기대할 바가 명확하다.

본능이 아니라 의지에 따라 행동하기 때문이다.

그러므로 사람을 분류할 때는

그 사람의 세 가지 욕구능력을 기준으로 삼을 수 있다.

첫째, 본성 또는 타고난 재능.

둘째, 기질 또는 성향.

셋째, 일반적인 성격 또는 사고방식.

## 인간의 덕이 없다면
## 세상은 의미를 잃는다

인간이 가진

도덕적 진보라는 잠재력이 없다면

현실은 불모지처럼 헛되고

어떠한 궁극의 목적도 사라지고 말 것이다.

## 지혜에 다다르기 위한 세 가지 방법

지혜를 얻는 안내서에는 세 가지 금언이 있다.

첫째, 자기 스스로 생각하라.

둘째, 다른 이들과 소통할 때는 상대방 입장에 서라.

셋째, 항상 자신에게 충실한가 돌아보라.

*Think for yourself.*

 **3** 막연한 행복이 아닌,
뚜렷한 행복을 구하라

## 어디까지 얼만큼
## 행복하고 싶은가?

안타깝게도 행복이라는 개념은 너무도 막연하다.

모두가 행복하고 싶다 말하지만,

자기가 진정 원하고 뜻하는 바가 무언지

확실하고 명확하게 말하지 못한다.

## 행복이란 실상
## 상상의 산물일 뿐이다

행복은 이성이 안내하는 궁극의 이상 같은 것이 아니다.

그저 상상력이 창조한 이상일 뿐이며,

그러기에 오로지 인간이 경험했던 것에만

바탕을 두고 있다.

## 행복은 쾌락 자체가 아닌
## 잘 느끼는 능력이다

젊은이여! 금욕을 위해서가 아니라

쾌락에 대한 감수성을 키우기 위해서라도

향락으로 무뎌지지 마라.

쾌락을 잘 통제하면 방종으로 감각을 충족시키는 것보다

더 결실 있고 풍부한 만족을 얻게 될 것이니.

감각적인 쾌락은 소비하는 순간 사라져,

전체의 총합에서 감소하기 때문이다.

## 거창한 행복 대신
## 주어진 것에 감사하는 삶

하늘은 인간이 살아가는

역경으로 가득 찬 삶과 균형을 맞추기 위해

세 가지 복된 선물을 주었다.

희망, 잠, 그리고 웃음이다.

갖지 못한 것에 관한 위로로 인간에게 '상상력'이 주어졌고,
존재 자체에 대한 위로로 '유머 감각'이 주어졌다. - 프랜시스 베이컨

# 4 내 안에 담긴 빛나는 씨앗을 싹틔우려면

## 당신의 원칙이 곧 세상의 원칙이 된다면?

네 의지의 준칙이

동시에 보편적 입법의 원칙이 될 수 있도록

늘 행동하라.

*Your maxim should become a universal law.*

## 진실은 언제나 당신 편에 서 있다

잠시 인내심을 갖고 기다려라.

중상모략하는 자는 오래 가지 못한다.

진실은 시간의 산물이니,

그대를 변호하기 위해 나타날 것이다.

*Truth is the child of time.*

역경이 오지 않으면 좋겠지만 설령 그렇더라도
미덕으로 그것을 이겨낼 수 있기를 희망한다. - 세네카

## 사랑하는 자녀에게
## 올바른 도덕을 가르치려면?

못된 짓에 벌주고 착한 일에 상을 주면,

아이는 상을 받기 위해 착한 일을 할 것이다.

그런데 세상에서 늘 선이 보상받고

악이 처벌받는 게 아니란 걸 알면

어떻게든 약삭빠르게 헤쳐 가는 법만 배우리라.

이익이 될 때만 옳은 일을 하는 사람이 되고 말리라.

## 우리가 진정 갖추어야 할 인간 자질

모든 선한 것의 씨앗은

한 사람의 품성 속에 내재해야 한다.

그렇지 않다면 그 누구도 그것을 끌어낼 수 없다.

그것이 없으면

보상이나 명예 같은 유사품이 자리 잡는다.

*There must be a seed of every good thing.*

## 뜻을 제대로 펼쳤다면
## 결과에 실망하지 마라

행운이 따라주지 않은 결과

온전히 의지를 발휘한 일을 비록 성취하지 못한다 해도,

결코 빛을 잃지 않을 것이다.

왜냐하면 모든 가치는 자신 안에 담겨 있어서

여전히 스스로 빛나기 때문이다.

쓸모가 있고 없고는,

그 가치로부터 무엇 하나 더하거나 빼앗을 수 없다.

*It would still shine by its own light.*

*Immanuel Kant*

## 5  인간으로 태어난 목적의식을 절대 잊어버리지 마라

### 도전과 실패만이
### 당신을 성장시키는 동력

누구든 실패를 통해서만 지혜로워진다.

그렇게 단련된 사람이 남들 또한 실패를 통해

현명해지도록 돕는다면

그야말로 자신의 지혜를 잘 활용한 것이다.

무지는 어리석음이 아니다.

불행이야말로 가장 훌륭한 스승이다.
돈과 사람의 진짜 가치를 알려주기 때문이다. -오노레 발자크

## 타인이 아닌
## 나의 지성을 사용할 용기를 가지라!

미성숙이란 타인의 지도 없이는

스스로 지성을 사용하지 못하는 무능으로,

지능이 부족해서가 아니라

오로지 결단력과 용기가 부족한 탓이다.

그러니 사페레 아우데, 감히 알고자 하라!

*Sapere Aude! Have the courage to use your own intelligence!*

## 무엇을 위해 생각하고 행동할 것인가?

이론적이든 실천적이든, 우리 이성의 모든 관심은

다음 세 가지 질문에 집중된다.

첫째, 나는 무엇을 알 수 있는가?

둘째, 나는 무엇을 해야 하는가?

셋째, 나는 무엇을 희망할 것인가?

1) WHAT CAN I KNOW?
2) WHAT OUGHT I TO DO?
3) WHAT MAY I HOPE?

# Part.5

## 쇠렌 키르케고르

*Søren Kierkegaard,*
*1813~1855*

**불안, 공허, 결핍이라는 존재의 필연을 넘어서는 법에 대하여**

*S. Kierkegaard.*

그는 반항적인 사람이었습니다. 아버지는 일찍 아내를 잃고, 아내의 하녀와 재혼하여 56세의 나이에 그를 가졌습니다. 아버지는 가난한 양치기 출신이지만 출세한 삼촌이 거둬준 덕에 코펜하겐의 신흥 부르주아가 된 인물이었죠. 그래서인지 매우 엄격하고 우울하고 경건하며 강압적인 존재였다고 합니다. 한편 어린 쇠렌은 네 명의 형제자매, 여러 인척, 끝내는 어머니의 죽음을 연이어 목격합니다. 묘지로 향하는 끝없는 여정을 그는 신의 징벌이라 여겼다고 해요.

아버지의 권유로 당대 유럽 지식인이 몰려들던 코펜하겐 대학교에서 신학을 전공하면서 철학, 수학, 물리학, 그리스어, 히브리어, 라틴어를 섭렵했습니다. 하지만 동시에 아버지 보란 듯이 사교계를 드나들며 돈을 물 쓰듯 쓰기도 했지요. 그러나 기질적인 우울함과 특유의 비판의식 탓에, 사랑하던 약혼녀와도 결별하고 끝내 학문의 길로 오롯이 빠져들게 됩니다.

그가 살던 시대, 덴마크는 왕정이자 신정국가였습니다. 기독교가 국교가 되면서, 종교 기득권이 득세하고 온갖 사회문제를 일으킵니다. 그는 마르틴 루터에 비견할 만한 종교 혁명의 기치를 내세우며 맹렬히 이를 비판합니다. 빅토르 에레미타, 판사 윌리엄, 콘스탄틴 콘스탄티우스, 요하네스 클리마쿠스 등 숱한 필명으로 글을 기고하고 책을 펴면서, 당시 덴마크 국교회와 맞설 뿐 아니라 심지어 자신이 과거에 폈던 논리도 뒤집는 대담한 주장을 펼쳐갑니다.

그는 오늘날 신학자, 시인, 사회 비평가, 종교학자이자, 최초의 실존주의 철학자라 불립니다. 조직화한 종교, 신정국가, 도덕, 윤리, 심리학, 종교 철학에 대한 비평서를 숱하게 썼으며 은유, 아이러니, 비유를 탁월하게 활용해 음유시인으로도 불립니다. 소크라테스를 자신의 스승이라고 여겼고 칸트를 깊이 존경했지만, 자신을 철학자라 규정하기보다 철학을 비롯한 모든 주류 학문에 대한 맹렬한 비판자가 되기를 자처했습니다.

특히 당시 유럽 철학의 제왕은 헤겔이었습니다. 하지만 키르케고르는 지적 체계를 구축한 권위자들을 "옆집에 거대한 궁전을 지은 기득권자들"이라고 일갈하며, 철학은 일상과 접목되어야 하는데 이들이 선배 철학자의 사상을 '역사라는 여과지'에 통과시키며 변질시키고 희석했다고 비판합니다. 그는 특히 영혼이 없는 말들을 경멸했는데, 그런 이유로 세네카, 키케로, 플라톤, 루터, 성경의 수백 줄 구절을 다시금 재해석해 소개함으로써 고대와 현대를 잇는 '서기'로서의 역할도 자청합니다.

"나는 사람들이 인생을 낭비하지 않도록 경각심을 일깨우고 싶다!"

이것이 그가 품은 필생의 목표였습니다. 실존주의의 선구자이자 현대 사상의 정신적 길을 마련한 지성인이었던 그는 42세의 어느 날 길에서 쓰러진 뒤 병원으로 실려 가 얼마 뒤 죽음을 맞습니다. 사인은 폐렴으로 알려져 있습니다.

비유와 상징, 문학과 음악적 상상력을 통해 '잃어버린 말의 힘과 의미'를 되찾고자 한 그의 시적이고 가슴 뛰는 문장들 속에서 우리 영혼이 숨 쉴 자리를 발견하기를 바랍니다.

### 1  돛을 펼치고 과감히 나아가라

## 머뭇거리지 말고
## 과감히 인생에 뛰어들어라

우리의 인격을 결정하는 것은 '선택'이다.

우리가 선택한 것에 인격이 담기고,

아무것도 선택하지 않으면

인격은 쪼그라들고 시들어 간다.

## 세상을 탓하며
## 무기력하게 삶을 방치하지 마라

사람들이 시대가 악하다고 불평하게 놓아두라.

나는 그들의 열정 없음이 얼마나 하찮은가 불평하겠다.

우리는 인생의 극히 일부분을 살아간다.
나머지 시간은 그저 흘려보낼 뿐이다. - 세네카

## 절박하게 살아야
## 비로소 희망이 있다

"일하지 않는 자, 먹지 못할 것이요"라는 구절은

진실이다.

곤경에 처한 자만이 안식을 찾을 수 있고,

저승으로 내려가는 자만이

사랑하는 이를 구할 수 있으며,

칼을 뽑은 자(아브라함)만이

다시 그리운 자녀(이삭)를 만날 것이다.

성취는 그대 칼끝에 있으니,
죽는 순간까지 무기를 손에서 놓지 마라. - **볼테르**

## 일단 출발했다면
## 자기 자신을 믿어라

열정은 마치 항해와도 같다.

돛을 펼 만큼 충분히 강한 바람이 있어야 하고,

깊은 물에 닿기 전에는 멈추지 말고 달려야 한다.

사전에 너무 많은 점검과 논의로

돛을 흔들고 방향을 바꾸어서는 안 된다.

*All passion is like sailing.*

 **2** 불안은 살아 있는 인간만이
누릴 수 있는 특별한 감정

## 집요한 불안을 맞이할
## 준비를 하라

이제 나는 준비가 되었다.

불안이여, 영혼 속으로 들어와 모든 것을 헤집고

유한하고 하찮은 모든 것을 끄집어내 괴롭히기를.

## 불안은 인간이
## 무한한 자유를 구할 때 오는 어지럼증

절망이 그러하듯 불안은 영혼의 손금과도 같다.

불안은 그리하여 자유의 현기증이다.

자유가 가능성을 타진하며,

유한한 무언가를 붙들고 스스로 지탱하려 할 때

나타난다.

당신은 자유롭다. 그것이 당신이 지금 길을 잃은 이유다. - 프란츠 카프카

## 당신의 절망은 과연 어떤 절망인가?

절망은 정신의 질병이자 자아의 질병으로,

세 가지 모습을 띤다.

첫째, 자기 자신을 의식하지 못하는 절망.

둘째, 자기 자신이 되기를 바라지 않는 절망.

셋째, 자기 자신이 되고자 하는 절망.

## 완전한 절망은
## 죽음에 이르는 병이다

죽음이 가장 큰 위험일 때 우리는 생명을 희망한다.

그러나 죽음보다 더 큰 위험을 알게 되면

우리는 죽음을 희망한다.

위험이 너무 커서 죽음조차 희망이 될 때의 절망은

죽을 수조차 없는 완전한 절망이다.

Søren Kierkegaard

## 3  탄식의 다리를 건너 영원으로 향하는 길

**인생에서
빼놓을 수 없는 가치**

만약 영원함이라는 의식이

인간에게 심겨 있지 않았다면,

만약 모든 존재의 근원이

그저 혼란스럽게 들끓는 원료에 불과하다면,

그 모호한 열정에서

모든 위대한 것과 사소한 것이 탄생한다면,

만약 모든 것 아래가 결코 메울 수 없는

밑 빠진 공허함뿐이라면,

인생이란 절망 아닌 그 무엇이란 말인가?

## 삶의 비밀을 노래하는
## 속삭임에 귀 기울이라

사람들이 시인을 사랑하는 이유는,

그들에게 가장 위험한 존재이기 때문이리라.

이것이 우리 모두 가야 할 길,

탄식의 다리를 건너 영원으로 향하는 길이다.

*This is the road we all must travel—over the Bridge of Sighs into eternity.*

## 그저 흘러가는 인생이 아닌, 스스로 엮어 내는 삶을 살라

젊음을 겪고, 나이를 먹고, 마침내 죽어 사라지는 것.

이 자체는 그저 평범한 인생으로,

동물에게도 해당하는 과정이다.

이들 삶의 요소를 동시대에 통합하는 것만이

인간에게 주어진 과제다.

*Søren Kierkegaard*

## 상상력이 늙을 때
## 사람도 늙는다

상상력이 풍부한 어린 시절에는

한 시간 내내 어두운 방 안에 있어도

영혼의 가장 높은 곳에서 노닐 수 있다.

하지만 나이가 들고 나면

상상력은 되려 사람을 지치게 만들어

성탄 트리를 보기도 전에 싫증을 느끼고 만다.

밖에서 오는 것은 인생을 충만하게 하지 못한다.
오로지 당신 스스로만 그렇게 할 수 있다. - 에픽테토스

## 진정한 사랑은
## 자유로운 마음에서 피어난다

사랑에 빠지려면 자유로운 마음이 필요하다.

누구 혹은 무엇에도 속하지 않은 마음.

그것을 건네는 손조차 자유로워야 한다.

이렇게 있는 그대로 자신을 내어주는 것에서

비로소 완전한 자유를 찾는다.

*This heart, free as it is, will then find total freedom in giving itself away.*

## 열렬한 고통과 기쁨을 동반하는 관계에 대하여

나의 유혹자, 나의 사기꾼, 나의 적, 나의 살인자,

내 불행의 근원, 기쁨의 무덤, 불행의 심연…

나는 그대를 '내 것'이라 하고 나를 '네 것'이라 부른다.

이제 이 말은 당신을 향한

영원한 저주로 남을 것인가?

## 4  위대한 삶에 도달하기 위해 선택해야 할 것들

# 당신이 인생에서 진정 발견해야 하는 것

숱한 이들이 삶의 괴로움과 비참함을 말한다.

'왜 인생을 허비하는가?' 하며 한탄한다.

그러나 진정 헛된 일은,

인생이 주는 기쁨이나 슬픔 같은

거짓 감정에 속은 나머지,

자아를 제대로 깨닫지 못하고 일상을 살아가는 것이다.

*Søren Kierkegaard*

## 할 수 없어서가 아니라
## 두려워서 못하는 것

사람이 진정 두려워하는 것이 무엇인지 아는가?

자신이 얼마나 엄청난 능력을 발휘할 수 있는지

아는 것이다.

인간이란 자신보다 훨씬 광대한 세계로 열린 미지의 주인공이다. - 막스 셸러

## 가능성을
## 열망한다는 것

내 영혼은 가능성을 잃어버렸다.

내가 무언가를 바랄 수 있다면,

부도 권력도 아닌

가능성에 대한 열정을 구할 것이다.

모든 곳에서 가능성을 찾는,

영원히 젊고 영원히 열정적인 눈을 바랄 것이다.

쾌락은 실망을 주지만, 가능성은 그렇지 않기에.

세상에 우리가 소유할 수 있는 것은 없다.
그저 잠깐 주어지는 것일 뿐, 영원히 가질 수는 없다. - 에픽테토스

*Søren Kierkegaard*

## 당신 영혼의 저택은 두루 쓰이고 있는가?

모든 인간은 정신의 저택을 갖추도록 계획되었다.

그런데도 감각이 지배하는

협소한 지하실에만 머물고자 한다.

저기 아름답고 비어 있는 공간을 두루 쓰라 하면,

심지어 화를 내곤 한다.

*Every man is planned with a view to being spirit, such is the building.*

## 두려움을 떨치고
## 앞으로 나아가라

매우 극소수의 사람만이

정신의 자격을 갖추고 살아간다.

이를 시도하는 적은 수의 사람조차

대부분 중도에 포기하고 만다.

어떤 일이 일어나든 두려움을 겪어 내고,

혼자 힘으로 꼿꼿이 나아가야 함을

배우지 못한다.

Søren Kierkegaard

## 5  그대 안에 있는
       놀라운 신성을 발견하기를

# 우리 모두에게
# 피할 수 없는 삶이 주어졌다

삶은 놀랍도록 일관성을 갖추고 있다.

한 곳에서 진리인 것은

다른 곳에서도 역시 진리이다.

이토록 확고한 삶의 원칙은,

그 누구라도 원하든 원치 않든 따라야만 한다.

신을 비난하고 운명을 탓하지 마라. - 에픽테토스

## 사람은 그가 사랑하는 대상만큼 위대하다

모든 영웅은

각기 사랑한 대상의 위대함과 비례해 위대하다.

자기를 사랑하는 자는 자기 힘만큼 위대하고,

타인을 사랑하는 자는 남을 향한 헌신 덕에 위대하다.

신을 사랑한 자는 이들 누구보다 더 위대하다.

*But he who loved God became greater than all of these.*

## 완전히 체념한 자만이
## 신성을 구한다

무한한 체념은 믿음의 마지막 단계다.

이를 건너지 못한다면, 믿음에 도달할 수 없다.

절대적인 체념 안에서만

비로소 자신의 영원한 가치를 자각할 수 있다.

그제야 비로소 믿음을 통해

이 세상을 알아 가는 진짜 숙제가 시작된다.

나는 배에 오르기도 전에 난파당했다. 그것을 통해 배웠다.
내가 얼마나 필요 없는 것을 많이 갖고 있으며, 그걸 얼마나 쉽게 버릴 수 있는지. - 세네카

# Reference

한국인이 좋아하는 철학자 5인의 주요 저작
* 연대기 순, 영어 번역서 기준, 괄호 안은 한국어판 제목

## 프리드리히 니체 *Friedrich Nietzsche, 1844~1900*

The Birth of Tragedy(비극의 탄생, 1872)

On Truth and Lies in a Nonmoral Sense(1873)

Philosophy in the Tragic Age of the Greeks(1873; 초판 발행 1923)

Untimely Meditations(1876)

Human, All Too Human(인간적인 너무나 인간적인, 1878)

The Dawn(1881)

The Gay Science(1882)

Thus Spoke Zarathustra(차라투스트라는 이렇게 말했다, 1883)

Beyond Good and Evil(선악의 저편, 1886)

On the Genealogy of Morality(도덕의 계보, 1887)

The Case of Wagner(바그너 비평, 1888)

Twilight of the Idols(우상의 황혼, 1888)

The Antichrist(반그리스도, 1888)

Ecce Homo(이 사람을 보라, 1888; 초판 발행 1908)

Nietzsche contra Wagner(니체 대 바그너, 1888)

The Will to Power(권력에의 의지, 기존 미출간 원고를 여동생 엘리자베트가 편집 발행, 1960)

## 아르투어 쇼펜하우어 *Arthur Schopenhauer, 1788~1860*

On the Fourfold Root of the Principle of Sufficient Reason(충족이유율의 네 겹의 뿌리에 관해, 1813)

On Vision and Colors(1816)

The World as Will and Idea(의지와 표상으로서의 세계, 1818)

The Art of Being Right(1831)

On the Freedom of the Will(1839)

On the Basis of Morality(도덕성의 기초, 1839)

The Wisdom of Life and Counsels and Maxims(삶의 지혜, 1851)

Parerga and Paralipomena(쇼펜하우어의 행복론과 인생론, 1851)

On the Will in Nature(1854)

## 르네 데카르트 *René Descartes, 1596~1650*

Rules for the Direction of the Mind(정신지도규칙, 1628)

Treatise on Light Archived(자연의 빛에 의한 진리 탐구, 1633)

Treatise of Man(인간 태아발생론, 1633, 초판 발행 1662년)

The World(세계론, 1630~1633년, 초판 발행 1664년)

Discourse on the Method(방법서설, 1637)

The Geometry(기하학, 1637)

Meditations on First Philosophy(성찰, 1641)

Principles of Philosophy(철학의 원리, 1644)

Notae in programma(어떤 비방문에 대한 주석, 1647)

Description of the human body(1648)

Conversation with Burman(1648)

Passions of the Soul(정념론, 1649)

Instruction in Music(1656년 사후 출판)

Correspondance(서한집, 1657년 사후 출판)

## 임마누엘 칸트 *Immanuel Kant, 1724~1804*

Universal Natural History and Theory of the Heavens(1755)

Observations on the Feeling of the Beautiful and Sublime(아름다움과 숭고함의 감정에 관한 고찰, 1764)

Dissertation on the Form and Principles of the Sensible and the Intelligible World (감성계와 지성계의 형식과 원리들, 1770)

Critique of Pure Reason(순수이성비판, 1판 1781, 2판 1787)

Prolegomena to Any Future Metaphysics(형이상학 서설, 1783)

An Answer to the Question: What Is Enlightenment?(1784)

Idea for a Universal History with a Cosmopolitan Purpose(세계시민적 견지에서 본 보편사의 이념, 1784년)

Groundwork of the Metaphysics of Morals(윤리형이상학 정초, 1785)

Metaphysical Foundations of Natural Science(1786)

Critique of Practical Reason(실천이성비판, 1788)

Critique of Judgment (판단력비판, 1790)

Religion within the Bounds of Bare Reason(이성의 한계 안에서의 종교, 1793)

Perpetual Peace: A Philosophical Sketch(영구 평화론, 1795)

Metaphysics of Morals(1797)

## 쇠렌 키르케고르 *Søren Kierkegaard, 1813~1855*

On the Concept of Irony with Continual Reference to Socrates(1841)

Either/Or(이것이냐 저것이냐, 1843)

Two Upbuilding Discourses(1843)

Fear and Trembling(공포와 전율, 1843)

Repetition(반복, 1843)

Philosophical Fragments(1844)

The Concept of Anxiety(불안의 개념, 1844)

Stages on Life's Way(1845)

Concluding Unscientific Postscript to Philosophical Fragments(1846)

Two Ages: A Literary Review(1846)

Edifying Discourses in Diverse Spirits(1847)

Works of Love(사랑의 역사, 1847)

Christian Discourses(1848)

The Point of View of My Work as an Author 'as good as finished'(스스로 판단하라, 1848, 초판 발행 1859)

The Sickness unto Death(죽음에 이르는 병, 1849)

Practice in Christianity(그리스도교 훈련, 1850)

**한국인이 가장 좋아하는 철학자의
아포리즘 필사책**

**초판 1쇄 발행** 2025년 3월 12일

**지은이** 니체, 쇼펜하우어, 데카르트, 칸트, 키르케고르
**엮은이** 에이미 리
**펴낸이** 정덕식, 김재현
**펴낸곳** (주)센시오

**출판등록** 2009년 10월 14일 제300-2009-126호
**주소** 서울특별시 마포구 성암로 189, 1707-1호
**전화** 02-734-0981
**팩스** 02-333-0081
**메일** sensio@sensiobook.com

**책임 편집** 임성은
**디자인** Design IF
**경영지원** 임효순

**ISBN** 979-11-6657-186-2  03190

이 책은 저작권법에 따라 보호받는 저작물이므로 무단 전재와 복제를 금지하며,
이 책 내용의 전부 또는 일부를 이용하려면 반드시 저작권자와 (주)센시오의 서면동의를 받아야 합니다.

잘못된 책은 구입하신 곳에서 바꾸어드립니다.

소중한 원고를 기다립니다. sensio@sensiobook.com